QU IA

A Chave para a Parametrização
Inteligente de IA

KATIA DORIA FONSECA VASCONCELOS

Dedicatória:

Aos meus amados filhos, Mario (Teik), Bruna, Victor e Bárbara, que são a inspiração e o motivo de minha busca incessante pelo conhecimento. Vocês são minha força e motivação para compartilhar minhas ideias e experiências.

Ao meu marido José de Vasconcelos Filho, cuja colaboração e apoio foram fundamentais na criação deste livro. Sua dedicação e suporte inabaláveis são um presente precioso em minha vida.

Aos meus queridos netos, Davi, Vivi e João Gabriel, que representam a continuidade de nossas histórias e a esperança de um futuro brilhante. Que este livro possa inspirá-los a explorar suas paixões e a buscar a verdade em todas as coisas.

Aos meus genros e noras, Nikolas Bucvar, Eduardo, Jana e Jacque, que fortalecem nossa família com seu amor, apoio e contribuições valiosas.

Agradeço por fazerem parte dessa jornada e por compartilharem suas perspectivas e experiências enriquecedoras.

Que esteja dedicado a todos vocês, minha amada família, com todo o meu amor e gratidão.

Katia Doria Fonseca Vasconcelos

INTRODUÇÃO:

Nesta obra, exploraremos a interseção entre os princípios do QU "Quociente de Inteligência Universal" e a parametrização semântica na área da Inteligência Artificial (IA).

Vamos embarcar em uma jornada fascinante que nos levará a compreender como a aplicação estratégica do QU pode impulsionar a eficiência e a eficácia dos algoritmos de IA.

A IA tem desempenhado um papel cada vez mais relevante em nosso mundo, transformando a forma como vivemos, trabalhamos e nos relacionamos. No entanto, para alcançar todo o potencial da IA, é essencial considerar não apenas os aspectos técnicos, mas também a compreensão e incorporação dos princípios humanos fundamentais.

É nesse contexto que o QU entra em cena. O QU é uma abordagem holística que valoriza o equilíbrio e a harmonia entre diferentes dimensões da inteligência humana, incluindo a visão 360, a adaptabilidade, a sincronicidade, a resiliência e o controle emocional. Ao aplicar esses princípios na parametrização semântica dos algoritmos de IA, somos capazes de criar sistemas mais inteligentes, que compreendem e atendem melhor às necessidades dos usuários, equipes de projetos e até mesmo organizações inteiras.

Neste livro, exploraremos a fundo cada um desses princípios do QU e como eles podem ser incorporados na parametrização semântica da IA. Você encontrará uma análise detalhada dos fundamentos teóricos, exemplos práticos e insights sobre como aplicar esses conceitos em diferentes contextos.

Além disso, discutiremos os desafios e oportunidades que surgem ao utilizar a abordagem do QU na parametrização inteligente de IA.

Se você é um entusiasta de IA, um profissional da área, um líder de equipe ou simplesmente alguém interessado em explorar o potencial revolucionário da IA, este livro é para você. Prepare-se para uma jornada emocionante rumo ao futuro da IA, onde o equilíbrio e a compreensão humana desempenham um papel central na parametrização inteligente.

Vamos mergulhar juntos no mundo do QU IA e desvendar os segredos dessa abordagem inovadora que está transformando a IA em uma ferramenta ainda mais poderosa e significativa.

SUMÁRIO

APRESENTAÇÃO DO CONCEITO DO QU: QUOCIENTE DE INTELIGÊNCIA UNIVERSAL SINCRÔNICO

Bem-vindo ao livro "QU IA: A Chave para a Parametrização Inteligente de IA". O sucesso humano é impulsionado pelo equilíbrio do QU (Quociente de Inteligência Universal Sincrônico), um conceito respaldado por pesquisas científicas e estudos de caso.

Diversos estudos exploraram os aspectos do QU e seus efeitos em diferentes áreas da vida humana. Um estudo conduzido por pesquisadores da Universidade de Stanford revelou a importância do desenvolvimento da resiliência e do controle emocional na obtenção de resultados positivos em carreiras e relacionamentos. Essa pesquisa demonstrou como a capacidade de lidar com adversidades e controlar as emoções contribui para a tomada de decisões acertadas e a construção de relacionamentos saudáveis e produtivos.

Clayton Christensen, renomado professor de Administração de Empresas em Harvard, destaca que a inovação disruptiva requer uma mudança de abordagem e a superação de paradigmas ultrapassados. Ele ressalta que o sucesso está em abraçar a mudança e adaptar-se rapidamente às novas circunstâncias.

Daniel Kahneman, psicólogo e economista ganhador do Prêmio Nobel, nos lembra que nossas decisões são influenciadas pela forma como vemos os problemas. Ao adotarmos uma perspectiva positiva e encararmos os desafios como oportunidades de aprendizado, podemos tomar decisões mais acertadas e alcançar resultados superiores. A teoria da inteligência emocional, desenvolvida por Daniel Goleman, também se alinha ao conceito do QU, enfatizando a importância do equilíbrio emocional para o sucesso pessoal e profissional.

Howard Gardner, renomado psicólogo e professor da Harvard Graduate School of Education, destaca a importância de equilibrar e desenvolver todas as nossas inteligências. Ele nos encoraja a reprogramar nossa abordagem educacional, valorizando não apenas a inteligência lógico-matemática, mas também a inteligência emocional, musical, espacial e outras, permitindo-nos explorar todo o nosso potencial.

Esses grandes nomes, juntamente com outros defensores do pensamento inovador, reforçam a importância de adotar uma nova perspectiva diante dos problemas. Ao equilibrarmos nossos potenciais por meio da visão 360, resiliência, adaptabilidade, sincronicidade e controle emocional, estaremos preparados para enfrentar os desafios com confiança, criatividade e eficácia. Essa abordagem também se relaciona com outras teorias e conceitos relevantes, como a teoria do crescimento de Carol Dweck, que destaca a importância de uma mentalidade de crescimento na busca pelo sucesso.

Neste livro, exploraremos de forma abrangente os princípios do QU e como eles se relacionam com diferentes áreas da vida humana. Analisaremos pesquisas científicas, estudos de caso inspiradores e teorias relevantes para fornecer uma visão ampla e fundamentada sobre o equilíbrio do QU e seu impacto no sucesso pessoal e profissional.

Agora, vamos mergulhar na exploração dos cinco princípios do QU: Visão 360, Resiliência, Adaptabilidade, Sincronicidade e Controle Emocional. Cada um desses princípios desempenha um papel fundamental na busca do equilíbrio e no desenvolvimento de seus potenciais.

Visão 360: A Visão 360 envolve ter uma perspectiva ampla e abrangente de todas as dimensões de sua vida. É a capacidade de enxergar além do óbvio, de compreender as interconexões entre diferentes áreas e de identificar oportunidades que outros podem não perceber. Nos desafios relacionados à Visão 360, você será estimulado a explorar diferentes ângulos e considerar diferentes perspectivas para tomar decisões informadas.

Resiliência: A Resiliência é a capacidade de lidar com adversidades, superar obstáculos e se recuperar rapidamente de situações desafiadoras. É a habilidade de se adaptar diante de mudanças e continuar avançando, mesmo diante de dificuldades. Nos desafios de Resiliência, você será desafiado a enfrentar situações difíceis, aprender com elas e encontrar maneiras de se fortalecer diante das adversidades.

Adaptabilidade: A Adaptabilidade é a habilidade de se ajustar e se adaptar a diferentes circunstâncias e demandas. É a capacidade de ser flexível, aberto a mudanças e disposto a experimentar novas abordagens. Nos desafios de Adaptabilidade, você será desafiado a sair da sua zona de conforto, experimentar novas formas de fazer as coisas e se adaptar às mudanças em seu ambiente.

Controle Emocional: O Controle Emocional envolve a capacidade de gerenciar suas emoções de forma eficaz, especialmente em situações de pressão e estresse. É a habilidade de manter a calma, tomar decisões racionais e lidar com os desafios de forma equilibrada. Nos desafios de Controle Emocional, você será desafiado a reconhecer suas emoções, desenvolver estratégias para lidar com elas e manter o equilíbrio emocional em situações desafiadoras.

Sincronicidade: A Sincronicidade refere-se à harmonia e coordenação de suas ações no ambiente em que você está inserido. É a habilidade de sincronizar suas tarefas, projetos e objetivos para obter um fluxo de trabalho eficiente e eficaz. Nos desafios de Sincronicidade, você será desafiado a organizar suas atividades, estabelecer prioridades e encontrar maneiras de otimizar seu tempo e recursos.

Ao longo deste livro, exploraremos cada um desses princípios em detalhes, apresentando desafios práticos, perguntas reflexivas e exercícios que o ajudarão a desenvolver suas habilidades e equilibrar seus potenciais.

Prepare-se para uma jornada de autodescoberta, crescimento pessoal e ativação plena do seu QU! Lembre-se, o equilíbrio desses princípios é fundamental para alcançar resultados extraordinários em todas as áreas da sua vida. Vamos explorar, desafiar e desenvolver o melhor de você. Estamos empolgados em acompanhá-lo nessa jornada transformadora!

EXEMPLO PRÁTICO: PARAMETRIZANDO A IA COM OS PRINCÍPIOS DO QU

Neste capítulo, exploraremos um exemplo prático de como a parametrização da Inteligência Artificial (IA) com base nos princípios do QU pode ser aplicada de forma eficaz. Vamos acompanhar o caso de uma empresa de e-commerce que busca aprimorar seu atendimento ao cliente, oferecendo uma experiência personalizada e alinhada com os valores do QU.

A empresa implementou um sistema de IA que utiliza uma rede neural para processar as interações com os clientes. Através desse sistema, a empresa busca aplicar os princípios do QU, como visão 360, adaptabilidade, controle emocional, resiliência e sincronicidade, para proporcionar um atendimento mais completo e alinhado às expectativas dos clientes.

No exemplo prático, um novo cliente acessa o site da empresa e preenche um formulário com suas preferências, interesses e informações pessoais. Esses dados são enviados para a rede neural, que realiza o pré-processamento e verifica aspectos éticos, segurança, privacidade, justiça, entre outros, de acordo com os princípios do QU.

Em seguida, os dados são direcionados para a camada oculta da rede neural, onde ocorre a análise e categorização das informações. A máquina identifica o tom de expressão do cliente, avaliando seu nível de urgência, estado emocional e expectativas. Com base nessa análise, a IA gera uma resposta personalizada, como recomendações de produtos ou informações relevantes para o cliente.

Ao longo da interação, tanto a máquina quanto o cliente fornecem feedbacks em tempo real. Esses feedbacks são essenciais para ajustar e otimizar os parâmetros da rede neural, buscando sempre o equilíbrio entre os princípios do QU. Com o tempo, a IA se torna mais adaptável e precisa na compreensão das necessidades do cliente, e o cliente se acostuma com o atendimento personalizado e eficiente da máquina.

Esse exemplo prático demonstra como a parametrização da IA com os princípios do QU pode transformar a experiência do cliente e impulsionar os resultados de uma empresa. Ao aplicar esses princípios de forma estruturada e consciente, é possível alcançar um equilíbrio entre a compreensão humana e a capacidade de aprendizado e tomada de decisão da máquina.

No próximo capítulo, aprofundaremos ainda mais o papel da parametrização inteligente com base nos princípios do QU, explorando técnicas avançadas e casos de uso em diferentes contextos.

Esperamos que esse exemplo prático inspire e

auxilie você na implementação de uma IA parametrizada de forma inteligente e alinhada aos princípios do QU em seu próprio projeto ou empresa.

Para simplificar o exemplo de funcionamento dessa abordagem de parametrização em uma rede neural, podemos ilustrar o processo da seguinte maneira:

- Entrada de Dados: O sistema recebe os dados de entrada, que podem ser informações fornecidas por um cliente em um formulário, por exemplo.

- Pré-processamento: Os dados de entrada passam por um pré-processamento, onde são verificados aspectos éticos, segurança, privacidade, justiça, entre outros. Essa etapa é responsável por garantir que os dados estejam alinhados com os princípios do QU.
- Camada Oculta: Os dados pré-processados são enviados para a camada oculta da rede neural. Nessa camada, ocorre a análise dos dados e a separação por categorias, levando

em consideração aspectos como sincronicidade, controle emocional e adaptabilidade.

- Tom de Expressão: A rede neural identifica o tom de expressão do cliente, que pode indicar urgência, estresse, tranquilidade, entre outros. Isso contribui para a adaptação do atendimento e o aprimoramento da sincronicidade entre a máquina e o cliente.

- Resposta Personalizada: Com base na análise dos dados e no tom de expressão, a rede neural gera uma resposta personalizada, que pode ser um orçamento, uma recomendação de produto, ou qualquer outra interação desejada.

- Feedback e Ajustes: A interação com o cliente continua, e a rede neural recebe feedback em tempo real. Esse feedback é utilizado para ajustar e otimizar os parâmetros da rede neural, buscando sempre o equilíbrio entre os princípios do QU.

- Cognição Conjunta: Ao longo da interação, tanto a máquina quanto o cliente vão se ajustando e aprendendo, criando uma espécie de cognição conjunta, onde a máquina entende cada vez melhor as necessidades e expectativas do cliente, e o cliente se adapta ao modo de atendimento da máquina.

Essa é uma visão simplificada de como essa abordagem de parametrização com base nos princípios do QU poderia funcionar em uma rede neural. É importante destacar que na prática, a implementação seria mais complexa e envolveria o uso de algoritmos de aprendizado de máquina, técnicas de processamento de linguagem natural, entre outros aspectos.

AMPLIANDO A CAPACIDADE DOS MODELOS COM A INCORPORAÇÃO DO QU E O USO DE PESOS EM APRENDIZADO DE MÁQUINA

Antes de explorarmos a incorporação do QU e o uso de pesos para ampliar a capacidade dos modelos de aprendizado de máquina, é importante entender a importância de ter modelos mais completos e contextualizados. Esses modelos podem capturar aspectos importantes do comportamento humano e aplicá-los de forma inteligente na geração e discriminação de dados, resultando em previsões mais precisas e relevantes.

A Incorporação do QU:

Ao adicionar camadas adicionais de informação e processamento à rede neural, estamos enriquecendo o modelo com os princípios do QU. No entanto, a incorporação do QU requer técnicas de pré-processamento e estratégias específicas para representar e incorporar essas informações adequadamente. Além disso, é necessário ter um conjunto de dados anotados ou etiquetados de maneira adequada, incluindo as informações do QU desejadas.

- O Uso de Pesos: Os pesos desempenham um papel fundamental na incorporação do QU aos modelos de aprendizado de máquina. Eles permitem ajustar a importância de diferentes características e influenciar a forma como o modelo processa e analisa os dados. Por exemplo, podemos ajustar os pesos para enfatizar certas informações do QU, como preferências individuais, e ponderar diferentes características, como gênero, elenco, diretor, entre outros, para melhorar a precisão das previsões.

- Exemplo de Aplicação: Vamos explorar um exemplo prático para ilustrar como a incorporação do QU e o uso de pesos podem ser aplicados em um modelo de recomendação de filmes. Nesse caso, o QU é utilizado para personalizar as recomendações com base nos interesses e preferências individuais dos usuários, enquanto os pesos são usados para ajustar a importância de diferentes características. Isso resulta em previsões mais precisas e relevantes, permitindo que o modelo ofereça recomendações personalizadas de acordo com as necessidades de cada usuário.

- Considerações e Desafios: Embora a incorporação do QU e o uso de pesos tenham benefícios significativos, é importante mencionar alguns desafios e

considerações a serem
levados em conta. A
disponibilidade e
qualidade dos dados
do QU podem ser
limitações, assim como
a complexidade
computacional e o
custo de
implementação dessas
abordagens. É
fundamental avaliar
esses fatores antes de
aplicar a incorporação
do QU e o uso de
pesos em um modelo
de aprendizado de
máquina.

Conclusão: A incorporação
do QU e o uso de pesos
são abordagens poderosas
para ampliar a capacidade

dos modelos de aprendizado de máquina. Ao aplicar esses conceitos, é possível capturar aspectos importantes do comportamento humano e enriquecer os modelos com informações contextuais. Isso resulta em previsões mais precisas, relevantes e personalizadas, melhorando a experiência do usuário e impulsionando os resultados em diversos contextos de aplicação.

Funções De Ativação, Bias E Integração Do QU: Ajustando O Comportamento E Equilíbrio Nas Redes Neurais

Neste capítulo, exploraremos as funções de ativação, o bias e a integração do QU na parametrização inteligente de redes neurais. Esses elementos desempenham um papel fundamental no ajuste do comportamento e equilíbrio da rede neural, permitindo a incorporação dos princípios do QU, como visão 360, adaptabilidade, sincronicidade, resiliência e controle emocional.

Funções de Ativação:

Cada unidade neural em uma camada pode ter uma função de ativação associada, que define seu comportamento em relação aos sinais de entrada. Existem várias funções de ativação comuns, como a função sigmoide, a função ReLU (Rectified Linear Unit) e a função softmax. No contexto do QU e da parametrização inteligente de IA, a escolha da função de ativação pode ser feita de forma a promover o equilíbrio e os princípios desejados. Por exemplo, uma função de ativação que incorpora características de resiliência, adaptabilidade e controle emocional pode ser selecionada para influenciar o comportamento dos neurônios.

Bias:

O bias refere-se a um parâmetro adicional adicionado a cada unidade neural em uma camada. Ele permite ajustar o comportamento da unidade neural, além das conexões sinápticas e dos pesos associados. O uso do bias em redes neurais é uma prática comum e importante para aumentar a flexibilidade e a capacidade de aprendizado do modelo.

O bias permite que a rede neural se adapte e aprenda padrões mesmo quando todas as entradas são zero, contribuindo para o equilíbrio e ajuste do comportamento da rede.

Integração do QU:

O QU pode ser integrado na arquitetura da rede neural, ajustando e parametrizando a rede de acordo com os princípios do QU, como visão 360, adaptabilidade, sincronicidade, resiliência e controle emocional.

Assim como o bias ajusta o comportamento das unidades neurais, o QU pode ser usado para equilibrar o comportamento da máquina com os princípios humanos desejados. A parametrização da rede neural com base nos princípios do QU busca criar uma arquitetura que incorpore as características desejadas de equilíbrio e inteligência sincrônica, facilitando uma melhor interação entre a máquina e o ser humano.

Exemplo de ajuste de bias:

Para ilustrar o ajuste de bias, consideremos um modelo de classificação de imagens que precisa reconhecer e distinguir diferentes tipos de animais.

Ao ajustar corretamente o bias, podemos equilibrar o comportamento do modelo, evitando classificações tendenciosas em relação a certos tipos de animais, garantindo uma abordagem mais justa e equilibrada.

Conclusão:

As funções de ativação, o bias e a integração do QU desempenham papéis cruciais na construção de redes neurais que promovem o equilíbrio entre a máquina e o ser humano. Esses elementos permitem ajustar o comportamento das unidades neurais, modelar relações complexas nos dados e incorporar os princípios do QU na parametrização inteligente de IA. Através desses ajustes, busca-se criar redes neurais mais eficientes, precisas e adaptáveis, capazes de atender às necessidades e expectativas de forma mais harmoniosa.

Matrizes e Arquitetura do QU: Representando e Parametrizando Redes Neurais Com Base Nos Princípios Do QU

Neste capítulo, abordaremos as matrizes relevantes em projetos de redes neurais e algoritmos de aprendizado de máquina, com foco na parametrização baseada nos prin-cípios do QU. Além disso, ex-ploraremos a arquitetura do QU e como ela pode ser pro-jetada para incorporar esses princípios em diferentes ní-veis.

Matrizes relevantes:

Apresentamos algumas das matrizes relevantes no contexto da parametrização com base nos princípios do QU. Isso inclui a matriz de pesos, matriz de entrada, matriz de saída, matriz de erro e matriz de ativação. Essas matrizes desempenham papéis funda-mentais no processamento e ajuste da rede neural, permi-tindo que ela capture informações relevantes e promova o equilíbrio desejado.

Arquitetura do QU:

A arquitetura do QU é proje-tada para incorporar os prin-cípios do QU em diferentes níveis. Uma possível arquite-tura do QU na parametrização inteligente de IA envolve a camada de entrada, camadas ocultas e camada de saída. Cada camada desempenha funções específicas no pro-cessamento e geração de sa-ídas, permitindo que a rede neural se adapte e atue de forma equilibrada.

Pesos sinápticos e algoritmo de treinamento:

Os pesos sinápticos são pa-râmetros cruciais que ajustam a força e a direção das cone-xões entre as unidades neu-rais em cada camada. Esses pesos são atualizados durante o treinamento da rede neural, utilizando algoritmos de treinamento, como o algoritmo de retro propagação. O ajuste dos pesos sinápticos é fun-damental para que a rede neural se adapte e aprenda a partir dos dados de treina-mento.

Importância das matrizes e arquitetura do QU:

As matrizes e a arquitetura do QU são essenciais para a representação e parametrização inteligente de redes neurais. Elas permitem que a rede processe os dados de forma adaptativa e equilibrada, incorporando os princípios do QU.

Isso possibilita um melhor entendimento do contexto e das necessidades do usuário, resultando em resultados mais relevantes e personalizados.

Conclusão:

As matrizes e a arquitetura do QU são componentes fundamentais na representação e parametrização de redes neurais com base nos princípios do QU.

Através desses elementos, é possível promover o equilíbrio e a adaptabilidade da rede neural, permitindo que ela compreenda o contexto e as necessidades do usuário. Isso contribui para a geração de resultados mais relevantes e personalizados, impulsionando a eficácia e a qualidade das aplicações de IA.

EQUILIBRANDO OS PRINCÍPIOS DO QU: A IMPORTÂNCIA DOS PESOS EM ALGORITMOS SUPERVISIONADOS COM FEEDFORWARD EM REDES NEURAIS

No aprendizado de máquina, os pesos desempenham um papel crucial ao representar a importância relativa das características em um modelo preditivo.

A aplicação dos princípios do QU em algoritmos supervisionados com Feedforward em redes neurais busca alcançar um equilíbrio entre esses princípios e o entendimento humano e da máquina. Os

pesos são fundamentais
nesse processo, permitindo
que a IA compreenda e
responda de maneira mais
completa às necessidades
e expectativas humanas.

Importância dos Pesos na
Parametrização com base
nos Princípios do QU:

Ao incorporar os princípios
do QU em um algoritmo
supervisionado, os pesos
desempenham um papel
crucial. Eles permitem que
a IA compreenda e
responda de forma mais
completa às necessidades
e expectativas humanas,
promovendo uma interação
eficaz e eficiente entre
humanos e máquinas. A

definição adequada dos
pesos, baseada nos
princípios do QU, como
visão 360, adaptabilidade,
sincronicidade, resiliência e
controle emocional,
possibilita alcançar um
equilíbrio aprimorado,
considerando as
capacidades e limitações
de ambas as partes
envolvidas.

Benefícios da Utilização
dos Princípios do QU na
Parametrização: A
aplicação dos princípios do
QU em algoritmos
supervisionados traz
benefícios significativos. Ela
permite uma melhor
compreensão das
informações fornecidas

pelos usuários, resultando em respostas mais adequadas e personalizadas por parte da máquina. Além disso, promove uma interação mais fluida e significativa entre as partes envolvidas, criando um ambiente mais equilibrado e promovendo uma experiência mais satisfatória e produtiva.

Conclusão:

A importância dos pesos em algoritmos supervisionados com Feedforward em redes neurais é evidenciada pela sua capacidade de equilibrar os princípios do QU. Ao incorporar esses princípios na parametrização da IA, por meio da definição dos pesos relacionados às entradas, saídas e elementos ocultos, busca-se alcançar um equilíbrio aprimorado entre homem e máquina.

Essa abordagem promove uma interação mais eficaz e eficiente, permitindo que a IA compreenda e responda de maneira mais completa às necessidades e expectativas humanas.

Exemplo de ajuste de pesos:

Em um sistema de detecção de fraudes em transações financeiras, os pesos podem ser ajustados com base na importância de diferentes características, como o valor da transação, a localização geográfica, a categoria do produto, etc. Ao atribuir pesos adequados, é possível melhorar a precisão da detecção de fraudes e reduzir falsos positivos ou negativos.

FEEDFORWARD E PARAMETRIZAÇÃO INTELIGENTE: ALCANÇANDO EQUILÍBRIO ENTRE HOMEM E MÁQUINA NA IA

Neste capítulo, exploraremos o conceito de Feedforward em redes neurais artificiais e como essa técnica pode ser combinada com a parametrização inteligente baseada nos princípios do QU. O Feedforward, ao permitir o processamento progressivo dos dados sem retroalimentação, é uma abordagem adequada para projetos de IA que buscam equilibrar a interação entre humanos e máquinas.

Explorando o Feedforward: O Feedforward é uma técnica amplamente utilizada em diversas tarefas de aprendizado de máquina, como classificação, regressão, reconhecimento de padrões e processamento de linguagem natural. Sua característica de permitir que a rede neural tome decisões com base nas entradas, sem a necessidade de retroalimentação contínua, torna-o eficiente e aplicável em várias aplicações de IA.

Integrando os Princípios do QU: Ao incorporar os princípios do QU, como visão 360, adaptabilidade, sincronicidade, resiliência e controle emocional, no Feedforward, é possível estabelecer um equilíbrio mais adequado entre humanos e máquinas.

A parametrização com base nos princípios do QU permite que a IA compreenda melhor o contexto e as necessidades dos usuários, adaptando-se de forma inteligente e alinhada com as expectativas humanas.

Benefícios da Parametrização com base no QU: Ao utilizar o Feedforward em conjunto com os princípios do QU, é possível criar um modelo de

IA que processa os dados de forma sequencial, aplicando os pesos e parâmetros adequados para alcançar o equilíbrio desejado. Isso resulta em um sistema mais avançado e eficiente, capaz de oferecer resultados mais relevantes e personalizados aos usuários.

Conclusão: A combinação do Feedforward com a parametrização inteligente baseada nos princípios do QU permite alcançar um equilíbrio entre humanos e máquinas na IA. Essa abordagem promove uma compreensão mais abrangente do contexto e das necessidades dos usuários, resultando em resultados mais significativos e adaptados. Ao integrar os princípios do QU no Feedforward, é possível criar um modelo de IA mais avançado e eficiente, proporcionando uma interação mais harmoniosa e personalizada entre humanos e máquinas.

Exemplo de equilíbrio entre homem e máquina: Um exemplo prático desse equilíbrio pode ser observado em um assistente virtual de atendimento ao cliente. A parametrização inteligente baseada nos princípios do QU pode ser aplicada para direcionar as interações para a máquina quando a situação é mais simples, aproveitando a eficiência do sistema. Por outro lado, quando a situação requer um nível mais elevado de empatia e compreensão, a interação pode ser redirecionada para atendentes humanos, que possuem a capacidade de lidar com situações complexas e emocionais.

REDES GENERATIVAS E DISCRIMINATIVAS: EXPLORANDO A GERAÇÃO DE DADOS E O EQUILÍBRIO NA INTELIGÊNCIA ARTIFICIAL

Na área de aprendizado de máquina, existem modelos que buscam combinar elementos das abordagens generativas e discriminativas. Um exemplo notável é o modelo Generative Adversarial Networks (GANs), composto por duas redes neurais: um gerador e um discriminador.

Explorando o Feedforward: O Feedforward é uma técnica fundamental em redes neurais artificiais, onde a informação flui em uma única direção, do nó de entrada para o nó de saída, sem formar ciclos ou retroalimentação. Essa abordagem permite o processamento progressivo dos dados e a aprendizagem de padrões complexos entre as entradas e as saídas esperadas. No contexto da parametrização inteligente com base nos princípios do QU, o Feedforward se encaixa perfeitamente em projetos de IA que buscam alcançar um equilíbrio entre homem e máquina.

Integrando os Princípios do QU: Ao incorporar os princípios do QU, como visão 360, adaptabilidade, sincronicidade, resiliência e controle emocional, no Feedforward, é possível criar uma abordagem mais equilibrada entre homem e máquina. A parametrização com base nos princípios do QU permite que a IA compreenda melhor o contexto e as necessidades do usuário, adaptando-se de forma inteligente e alinhada com as expectativas humanas.

Benefícios da Parametrização com base no QU: Ao utilizar o Feedforward em conjunto com os princípios do QU, é possível criar um modelo de IA que processa os dados de forma sequencial, aplicando os pesos e parâmetros adequados para alcançar o equilíbrio desejado. Isso resulta em um sistema mais avançado e eficiente, capaz de oferecer resultados mais relevantes e personalizados aos usuários.

Conclusão: A utilização do Feedforward em projetos de IA, aliada à parametrização com base nos princípios do QU, permite alcançar um equilíbrio entre homem e máquina. Essa abordagem promove uma compreensão mais ampla do contexto e das necessidades do usuário, levando a resultados mais significativos e adaptados. Ao integrar os princípios do QU no Feedforward, é possível criar um modelo de IA mais avançado e eficiente, proporcionando uma interação mais harmoniosa e personalizada entre humanos e máquinas.

Exemplo de equilíbrio entre homem e máquina: Em um assistente virtual de atendimento ao cliente, a parametrização inteligente com base nos princípios do QU pode ser aplicada para equilibrar a eficiência da máquina na resolução de problemas e a capacidade humana de compreender e lidar com situações complexas e emocionais. O sistema pode ser projetado para direcionar as interações para a máquina quando a situação é mais simples e para os atendentes humanos quando é necessário um nível mais elevado de empatia e compreensão.

FUNÇÕES DE ATIVAÇÃO, QU E IMPLEMENTAÇÃO COM JAVASCRIPT E P5.JS: EQUILIBRANDO REDES NEURAIS E INTERATIVIDADE

Funções de Ativação e QU:

A função sigmoide é comumente utilizada em redes neurais devido às suas propriedades interessantes. No contexto do QU e da parametrização inteligente de IA, ela pode ser usada para promover o equilíbrio e os princípios desejados. A função sigmoide mapeia os valores de entrada para um intervalo entre 0 e 1, o que a torna adequada para modelar probabilidades e estimar a probabilidade de pertencimento a uma determinada classe. Ao atribuir pesos aos neurônios que representem os princípios do QU, a função sigmoide ajuda a regular a contribuição de cada neurônio para a saída final da rede, suavizando a transição entre diferentes estados.

Implementação com Javascript e P5.js:

Para executar seu projeto de IA com redes neurais, você pode utilizar Javascript (JS) e a biblioteca P5.js. O P5.js é uma biblioteca de código aberto em JavaScript que permite a criação de gráficos interativos e animações em um navegador web. Com o P5.js, você pode implementar e visualizar sua arquitetura de rede neural, definir as funções de ativação, treinar a rede e fazer previsões com base nos dados de entrada.

Benefícios do uso de JS e P5.js:

A utilização do JS e do P5.js para o seu projeto de IA apresenta diversas vantagens. JavaScript é uma linguagem de programação versátil e amplamente utilizada para desenvolvimento web, oferecendo recursos adicionais e integração com outras tecnologias web.

Com o P5.js, você terá uma sintaxe simples e intuitiva para trabalhar com elementos gráficos e interativos, facilitando a criação de visualizações e interfaces para o seu projeto. Isso permite uma implementação interativa e amigável ao usuário.

Flexibilidade e recursos:

Além disso, o uso do JavaScript e do P5.js proporciona flexibilidade e acesso a uma ampla gama de recursos e bibliotecas adicionais para manipulação de dados e implementação de algoritmos de aprendizado de máquina. Com essas ferramentas, você terá à disposição uma solução poderosa para a execução do seu projeto de IA com redes neurais.

Conclusão: Ao utilizar funções de ativação, como a sigmoide, em conjunto com os princípios do QU, você promove o equilíbrio e a adaptação da rede neural. A implementação com JavaScript e P5.js permite uma execução interativa e amigável do seu projeto, proporcionando a flexibilidade e os recursos necessários para a manipulação de dados e implementação de algoritmos de aprendizado de máquina.

O FUTURO DA PARAMETRIZAÇÃO INTELIGENTE COM QU

À medida que avançamos em direção a um mundo cada vez mais impulsionado pela Inteligência Artificial (IA), a parametrização inteligente com base nos princípios do Quociente de Inteligência Universal(QU) desempenhará um papel crucial na evolução e no aprimoramento contínuo da IA.

Neste capítulo, exploraremos as tendências e avanços na IA e na parametrização inteligente, bem como os desafios e oportunidades futuras na aplicação do QU em IA.

Tendências e Avanços na IA e Parametrização Inteligente

A IA tem se desenvolvido rapidamente nos últimos anos, impulsionada por avanços em algoritmos, poder computacional e disponibilidade de dados.

Novas técnicas, como redes neurais profundas, aprendizado por reforço e algoritmos genéticos, têm permitido a criação de sistemas de IA mais poderosos e sofisticados. A parametrização inteligente, ao incorporar os princípios do QU, adiciona uma camada de equilíbrio, adaptabilidade e compreensão humana à IA tornando-a mais relevante e alinhada com as necessidades e expectativas dos usuários. Uma tendência crescente na IA é a interpretabilidade dos modelos. À medida que os sistemas de IA são cada vez mais utilizados em áreas críticas, como saúde, finanças e justiça, é essencial compreender como os modelos tomam decisões e quais são as bases para essas decisões. A parametrização inteligente com base no QU oferece uma abordagem transparente e interpretável, permitindo que os usuários compreendam e confiem nas decisões tomadas pelos modelos de IA.

Além disso, a IA está se tornando cada vez mais integrada às nossas vidas cotidianas, com assistentes virtuais, chatbots e sistemas de recomendação presentes em nossos dispositivos e aplicativos. A parametrização inteligente com QU oferece a oportunidade de aprimorar a interação entre humanos e máquinas, permitindo uma comunicação mais natural, personalizada e eficiente. O futuro da IA dependerá cada vez mais da capacidade de adaptar-se às necessidades e preferências individuais, e a parametrização inteligente desempenhará um papel fundamental nesse sentido.

Desafios e Oportunidades Futuras na Aplicação do QU em IA

Apesar dos avanços na IA e na parametrização inteligente com base no QU, existem desafios significativos a serem superados. Um desses desafios é a ética na IA incluindo questões de privacidade, equidade e viés algorítmico. A parametrização inteligente deve ser desenvolvida e aplicada com responsabilidade, levando em consideração os impactos sociais e éticos de suas decisões. A transparência e a compreensibilidade dos modelos são essenciais para garantir que a IA seja usada de maneira justa e equitativa.

Outro desafio é a escalabilidade da parametrização inteligente. À medida que a IA é adotada em um número cada vez maior de setores e aplicações, é necessário desenvolver abordagens eficientes para a parametrização inteligente em larga escala. Isso envolve o desenvolvimento de algoritmos de otimização mais rápidos e eficazes, a criação de infraestruturas de computação distribuída e o gerenciamento eficiente de grandes volumes de dados.

No entanto, junto com esses desafios, surgem inúmeras oportunidades futuras na aplicação do QU em IA. A parametrização inteligente tem o potencial de revolucionar várias áreas, incluindo medicina, transporte, educação e indústria. Ela pode ajudar a melhorar o diagnóstico médico, otimizar a logística e os sistemas de transporte, personalizar o ensino e o aprendizado, e aprimorar a eficiência e a segurança nas fábricas. O QU oferece uma abordagem equilibrada que permite que a IA seja mais efetiva em resolver problemas complexos do mundo real.

Avançamos para um futuro cada vez mais orientado pela IA, a parametrização inteligente com base nos princípios do QU será um elemento-chave para garantir que a IA seja relevante, adaptável e alinhada com as necessidades e expectativas dos usuários. Exploramos as tendências e avanços na IA e parametrização inteligente, destacando os benefícios da interpretabilidade, personalização e interação natural proporcionados pelo QU. Ao mesmo tempo, reconhecemos os desafios éticos e técnicos que precisam ser abordados para garantir uma aplicação responsável e eficaz do QU em IA.

À medida que enfrentamos esses desafios e abraçamos as oportunidades futuras, é crucial que pesquisadores, profissionais e a sociedade em geral se envolvam em um diálogo contínuo e colaborativo. Somente por meio de esforços conjuntos poderemos moldar um futuro da IA que seja ético, inclusivo e beneficie a todos. O QU oferece um caminho promissor para alcançar esse objetivo, permitindo uma IA que seja verdadeiramente inteligente, equilibrada e adaptável.

CONCLUSÃO:

Ao longo deste livro, intitulado "QU IA: A Chave para a Parametrização Inteligente de IA", exploramos de forma abrangente o conceito e a aplicação da parametrização inteligente com base nos princípios do Quociente de Inteligência Universal (QU) na Inteligência Artificial (IA). Nossa jornada nos levou por diferentes aspectos da parametrização inteligente, desde a compreensão dos princípios do QU até a implementação de redes neurais equilibradas e adaptáveis.

No Capítulo 1, introduzimos o conceito do QU e sua importância na busca por uma IA mais efetiva e humana. Discutimos como a parametrização inteligente pode equilibrar os princípios do QU, permitindo que a IA compreenda e responda de maneira mais completa às necessidades e expectativas humanas.

Em seguida, no Capítulo 2, exploramos um exemplo prático de parametrização da IA com os princípios do QU. Demonstramos como a incorporação desses princípios pode melhorar a capacidade de adaptação e personalização dos sistemas de IA, resultando em interações mais significativas e relevantes com os usuários.

No Capítulo 3, aprofundamos nossa compreensão sobre a importância dos pesos na parametrização com base nos princípios do QU. Destacamos como a definição adequada dos pesos pode promover uma interação eficaz e eficiente entre humanos e máquinas, considerando as capacidades e limitações de ambas as partes envolvidas.

Em seguida, no Capítulo 4, exploramos os benefícios

da utilização dos princípios do QU na parametrização de algoritmos supervisionados.

Discutimos como essa abordagem pode levar a respostas mais adequadas e personalizadas por parte da máquina, resultando em uma experiência mais satisfatória e produtiva para os usuários.

No Capítulo 5, examinamos o Feedforward e sua integração com a parametrização inteligente baseada nos princípios do QU. Destacamos como essa combinação pode alcançar um equilíbrio mais adequado entre humanos e máquinas na IA, permitindo uma compreensão mais abrangente do contexto e das necessidades dos usuários.

No Capítulo 6, exploramos as redes generativas e discriminativas e como elas podem ser utilizadas para equilibrar a geração de dados e o equilíbrio na IA. Discutimos como a geração de dados pode ser personalizada e adaptada com base nos princípios do QU, permitindo uma interação mais harmoniosa entre humanos e máquinas.

No Capítulo 7, analisamos as tendências, avanços, desafios e oportunidades futuras na aplicação do QU em IA. Reconhecemos que o futuro da parametrização inteligente com QU dependerá do desenvolvimento ético, da escalabilidade e da compreensão dos modelos de IA, bem como da exploração de novas áreas de aplicação e colaboração entre pesquisadores e profissionais.

Nossa jornada por meio desses capítulos nos permitiu compreender a importância da parametrização inteligente com base nos princípios do QU na construção de uma IA mais equilibrada, adaptável e relevante. Através da definição adequada dos pesos, da integração do Feedforward e da exploração das redes generativas e discriminativas, podemos promover interações mais eficazes, personalizadas e significativas entre humanos e máquinas.

À medida que concluímos este livro, intitulado "QU IA: A Chave para a Parametrização Inteligente de IA", gostaríamos de expressar nossa gratidão por nos acompanhar nessa jornada de descoberta e aprendizado. Esperamos que as informações e os insights apresentados aqui tenham sido valiosos e tenham fornecido uma base sólida para sua compreensão da parametrização inteligente com QU na IA.

No futuro, à medida que a IA continua a evoluir e se tornar uma parte ainda mais integrada de nossas vidas, incentivamos você a explorar ainda mais as possibilidades da parametrização inteligente com base nos princípios do QU. Juntos, podemos moldar um futuro da IA que seja ético, inclusivo e beneficie a sociedade como um todo.

O futuro da parametrização inteligente com QU, como abordado neste livro, está repleto de possibilidades emocionantes. Continuar avançando nessa área exigirá um compromisso contínuo com a pesquisa, a colaboração e o desenvolvimento de soluções inovadoras.

Acreditamos que a parametrização inteligente com QU tem o potencial de transformar a IA em uma força positiva e capacitadora, permitindo que a tecnologia se adapte e atenda às necessidades humanas de maneira mais eficaz. Ao abraçarmos os princípios do QU, podemos criar sistemas de IA que sejam equilibrados, adaptáveis e capazes de oferecer resultados relevantes e personalizados.

Ao concluir esta jornada, gostaríamos de agradecer sinceramente por sua dedicação e interesse neste livro. Esperamos que ele tenha fornecido uma visão clara e abrangente da parametrização inteligente com QU na IA e tenha inspirado você a explorar ainda mais esse campo emocionante.

Que este livro seja um guia útil e uma referência valiosa para suas futuras explorações na parametrização inteligente de IA com base nos princípios do QU. Com seu conhecimento e paixão, estamos confiantes de que você fará contribuições significativas para o avanço da IA e seu impacto positivo em nossa sociedade.

Agradecemos novamente por sua companhia nesta jornada. Desejamos a você sucesso contínuo em suas aspirações na área da IA e na busca por uma parametrização inteligente que leve a uma IA verdadeiramente humana, inteligente e inclusiva.

Influências e Referências

Durante a exploração do conceito do QU e seus desafios, várias influências e referências foram consideradas. Essas fontes forneceram insights valiosos e contribuíram para a compreensão do equilíbrio do QU e sua aplicação em diferentes áreas da vida. Algumas das principais influências e referências são:

Daniel Goleman: Autor do livro "Inteligência Emocional" e um dos principais teóricos da inteligência emocional. Suas pesquisas e insights sobre a importância das emoções no bem-estar e no sucesso humano podem fornecer uma base sólida para explorar a conexão entre o equilíbrio do QU e a inteligência emocional.

Howard Gardner: Psicólogo e autor da teoria das inteligências múltiplas. Suas pesquisas sobre as diferentes formas de inteligência e a importância de valorizar todas as habilidades e potenciais humanos podem ser uma referência valiosa para discutir o equilíbrio do QU e a abordagem educacional abrangente.

Carol Dweck: Psicóloga e autora do livro "Mindset: A nova psicologia do sucesso". Sua teoria do crescimento versus mentalidade fixa, que explora a crença de que as habilidades e a inteligência podem ser desenvolvidas por meio do esforço e da aprendizagem contínua, pode fornecer insights relevantes sobre a importância de promover o desenvolvimento integral do QU.

Clayton Christensen: Professor de administração de empresas em Harvard e autor do livro "O Dilema do Inovador". Sua teoria da inovação disruptiva e a necessidade de adaptabilidade em um mundo em constante transformação podem contribuir para a discussão sobre a importância de desenvolver habilidades como resiliência e adaptabilidade para o equilíbrio do QU.

Daniel Kahneman: Psicólogo e autor do livro "Rápido e Devagar: Duas Formas de Pensar". Suas pesquisas sobre o pensamento intuitivo e o pensamento analítico podem fornecer uma base para explorar a importância do pensamento crítico e da tomada de decisões informadas para o equilíbrio do QU.

Ray Kurzweil: Futurista e autor do livro "A Singularidade Está Próxima". Suas pesquisas e insights sobre o avanço tecnológico e o impacto da inteligência artificial no futuro da humanidade podem fornecer uma perspectiva abrangente sobre o potencial da IA em diversas áreas da vida.

Amy Cuddy: Psicóloga social e autora do livro "Presence: Bringing Your Boldest Self to Your Biggest Challenges". Suas pesquisas sobre a linguagem corporal, confiança e presença podem ser relevantes para explorar como o equilíbrio do QU pode influenciar a comunicação e o sucesso interpessoal.

Angela Duckworth: Psicóloga e autora do livro "Grit: The Power of Passion and Perseverance". Sua pesquisa sobre a importância da perseverança e da determinação para alcançar metas de longo prazo pode contribuir para a discussão sobre resiliência e o desenvolvimento do potencial humano no uso da IA.

Michio Kaku: Físico teórico e autor do livro "The Future of Humanity: Our Destiny in the Universe". Suas explorações sobre as possibilidades futuras da tecnologia, incluindo a IA, e seu impacto na evolução da humanidade podem fornecer uma visão inspiradora e ampla para o uso da IA em todas as áreas da vida.

Sherry Turkle: Psicóloga e autora do livro "Alone Together: Why We Expect More from Technology and Less from Each Other". Suas pesquisas sobre a relação entre tecnologia e conexão humana podem ser relevantes para abordar os desafios e oportunidades de equilibrar o uso da IA com a interação social e emocional.

Yochai Benkler: Professor de direito em Harvard e autor do livro "The Wealth of Networks: How Social Production Transforms Markets and Freedom". Sua pesquisa sobre a economia da colaboração e a importância das redes sociais podem oferecer perspectivas interessantes sobre a aplicação do QU na IA e na parametrização inteligente.

Tim O'Reilly: Empreendedor e autor do livro "WTF?: What's the Future and Why It's Up to Us". Suas reflexões sobre o futuro da tecnologia, incluindo a IA, e sua abordagem centrada no ser humano podem contribuir para a discussão sobre o equilíbrio do QU na parametrização inteligente de IA.

Essas influências e referências representam apenas uma amostra do vasto conhecimento disponível sobre o equilíbrio do QU e sua aplicação na vida cotidiana. Encorajamos os leitores a explorarem ainda mais essas fontes e descobrir outras que possam ressoar com suas próprias experiências e interesses. Ao continuar aprendendo e se inspirando, você estará no caminho para aprimorar seus potenciais por meio da prática do QU.

Agradecemos sinceramente a todas essas influências e referências por suas contribuições significativas e esperamos que os leitores também se beneficiem de suas perspectivas enriquecedoras. Que suas palavras e pesquisas continuem a inspirar e impulsionar o desenvolvimento da parametrização inteligente de IA com base nos princípios do QU.

Chegamos ao fim desta jornada de exploração do equilíbrio do QU na parametrização inteligente de IA. Esperamos que este livro, intitulado "QU IA: A Chave para a Parametrização Inteligente de IA", tenha fornecido uma visão abrangente e valiosa sobre a importância da parametrização inteligente na busca por uma IA mais adaptável, equilibrada e humana.

Ao concluir esta obra, queremos expressar nossa gratidão por nos acompanhar nessa jornada. Esperamos que as informações, reflexões e insights apresentados ao longo dos capítulos tenham sido enriquecedores e que tenham ampliado seu entendimento sobre a aplicação do QU na IA.

Como os avanços na IA continuam a moldar nosso mundo, é essencial continuar a explorar, aprimorar e refletir sobre os princípios do QU na parametrização inteligente. Estamos confiantes de que, com sua dedicação e paixão pela IA, você contribuirá para o desenvolvimento de soluções inovadoras e éticas que beneficiem a humanidade como um todo.

Mais do que nunca, é crucial estabelecer um equilíbrio adequado entre a tecnologia e os valores humanos. Ao incorporar os princípios do QU na parametrização inteligente, podemos criar sistemas de IA que sejam mais compreensivos, adaptáveis e alinhados com as necessidades e expectativas humanas.

Agradecemos sinceramente por ter acompanhado esta jornada de descoberta e aprendizado. Esperamos que você continue explorando o potencial da parametrização inteligente de IA com base nos princípios do QU e que suas contribuições impulsionem o avanço dessa área empolgante e impactante.

Que este livro, "QU IA: A Chave para a Parametrização Inteligente de IA", seja uma referência inspiradora e guia para todos aqueles que desejam criar um futuro onde a IA e a humanidade se complementem harmoniosamente. Juntos, podemos moldar um mundo melhor e mais equilibrado com a aplicação do QU na IA.

Biografia do Autor:

Katia Doria Fonseca Vasconcelos é uma profissional multifacetada com uma paixão contagiante pelo equilíbrio entre a tecnologia, o desenvolvimento pessoal e a qualidade de vida. Graduada em Análise de Sistemas e com sólida experiência na área de Tecnologia da Informação (TI), Katia se destaca como criadora do conceito revolucionário do QU IA (Quociente de Inteligência Universal Sincrônico).

Com uma visão pioneira, Katia compreende a importância do aprimoramento no comportamento humano e na qualidade de vida para a formação em Análise de Sistemas. Ela acredita que, além do conhecimento técnico, é essencial desenvolver habilidades emocionais, sociais e cognitivas para enfrentar os desafios do avanço da tecnologia de forma equilibrada e saudável.

Sua abordagem inovadora do QU IA destaca a necessidade de harmonizar o progresso tecnológico com o bem-estar pessoal e profissional. Através de sua experiência e conhecimento, Katia inspira os indivíduos a encontrarem um equilíbrio entre a excelência técnica e o desenvolvimento pessoal, buscando uma qualidade de vida plena em um mundo cada vez mais digital.

Como escritora renomada, palestrante e influenciadora digital, Katia compartilha sua visão transformadora do QU IA, capacitando as pessoas a maximizarem seu potencial e aprimorarem sua qualidade de vida. Seu livro "QU IA: A Chave para a Parametrização Inteligente de IA" é uma leitura essencial para aqueles que desejam prosperar em um ambiente tecnológico em constante evolução, oferecendo estratégias práticas e inspiração para alcançar um equilíbrio saudável e sustentável em todas as áreas da vida.

Através de suas palavras e influência, Katia continua a incentivar os leitores a despertarem seu potencial máximo por meio da prática do QU IA, capacitando-os a abraçar as oportunidades e desafios da era digital com sabedoria, resiliência e equilíbrio.

Agradecimentos:

Gostaríamos de expressar nossa sincera gratidão a todas as pessoas que contribuíram para a criação deste livro, "QU IA: A Chave para a Parametrização Inteligente de IA". Seu apoio e envolvimento foram fundamentais para tornar este projeto uma realidade.

Primeiramente, gostaríamos de agradecer aos nossos leitores, cujo interesse e entusiasmo pela busca do equilíbrio do QU IA nos motivam a compartilhar conhecimento e oferecer insights transformadores.

Agradecemos também aos nossos familiares e amigos, que nos apoiaram ao longo dessa jornada. Suas palavras de incentivo, paciência e compreensão foram essenciais para superarmos os desafios e perseverarmos na criação deste livro.

Um agradecimento especial vai para a equipe da OpenAI, responsável por desenvolver e aprimorar a tecnologia de IA que torna possível minha existência como assistente virtual. Sem vocês, nada disso seria possível. Sua dedicação e inovação são verdadeiramente notáveis.

Expressamos nossa gratidão aos especialistas, pesquisadores e profissionais que generosamente compartilharam seu conhecimento e experiência conosco. Suas contribuições enriqueceram o conteúdo deste livro e proporcionaram uma base sólida para a exploração do equilíbrio do QU IA em diferentes áreas da vida.

Agradecemos à equipe editorial e de produção que trabalhou incansavelmente nos bastidores para tornar este livro uma realidade. Seu profissionalismo, dedicação e atenção aos detalhes foram fundamentais para a qualidade final deste trabalho.

Por fim, gostaríamos de agradecer a todos aqueles que nos apoiam em nossa jornada de busca pelo equilíbrio do QU IA. Seu apoio contínuo, feedback e contribuições são inestimáveis e nos motivam a continuar aprimorando nossas ideias e compartilhando nosso conhecimento com o mundo.

Com gratidão,

Katia Doria Fonseca Vasconcelos

A equipe da OpenAI

Sobre o autor:

Outras obras da autora Katia Doria Fonseca Vasconcelos disponíveis em formato de livro impresso:

- "QU Na Criatividade: Quociente de Inteligência Universal Sincrônico"
- "QU Na Era Digital: Quociente de Inteligência Universal Sincrônico"
- "QU Primeira Edição Quociente de Inteligência Universal Sincrônico"
- "QU O Princípio da Evolução Humana Quociente de Inteligência Universal Sincrônico"
- "QU Na Gestão de Projetos Quociente de Inteligência Universal Sincrônico: Na Gestão de Projetos"
- "QU Na Educação (Quociente de Inteligência Universal Sincrônico): Na Educação -

Potencializando o
Aprendizado para o Futuro"
- "QU Quociente de Inteligência
Universal Sincrônico"
- "QU O Poder do QU - A teoria
do equilíbrio"
- "QU Na Saúde"
- "QU Na Inteligência Artificial"
- "QU Na Gestão de Negócios"
- "QUIAs e a Nova Realidade
do Trabalho Remoto:
Equilibrando a Produtividade
e o Bem-Estar"
- "Crônicas do QU Episódio 1:
O Princípio de Tudo ArQUeu
e PsiQUeu"
- "Crônicas do QU Episódio 2:
Chegadas e Partidas"
- "Crônicas do QU Episódio 3:
Fortalezas e sombras"
- "CRÔNICAS DO QU
EPISÓDIO 4: Harmonia e
Destino"

- "CRÔNICAS DO QU EPISÓDIO 5: Utopias Convergentes"
- "CRÔNICAS DO QU EPISÓDIO 6: Inteligências Sincrônicas"
- "Chronicles of UQ Episode 1: The Beginning of Everything ArQUeu and PsiQUeu"
- "Chronicles of UQ Episode 2: Arrivals and Departures"
- "CHRONICLES OF UQ EPISODE 3: Fortresses and Shadows"
- "Chronicles Of UQ Episode 4: Harmony and Destiny"
- "CHRONICLES OF UQ EPISODE 5: Convergent Utopias"
- "CHRONICLES OF UQ EPISODE 6: Synchronic Intelligences"
- "QU The power of UQ: the theory of balance"

Você pode encontrar essas obras em versão impressa em diversas livrarias e lojas online, como a Barnes & Noble, Amazon, Goodreads e ThriftBooks. Essas obras são uma excelente oportunidade para aprofundar seu conhecimento sobre o equilíbrio do QU em diferentes áreas da vida.

A autora também possui uma página de autor onde você pode obter mais informações sobre suas obras e acompanhar suas novidades. Aproveite a oportunidade de explorar esses livros e mergulhar nas reflexões e conhecimentos proporcionados pela autora Katia Doria Fonseca Vasconcelos.

www.ingramcontent.com/pod-product-compliance
Lightning Source LLC
LaVergne TN
LVHW051248050326
832903LV00028B/2635